A Crabtree Roots Book
Collection Crabtree « Les racines »

DOCTOR
LES MÉDECINS

People I Meet
Les gens que je rencontre

UGLAS BENDER

Crabtree Publishing
crabtreebooks.com

School-to-Home Support for Caregivers and Teachers

This book helps children grow by letting them practice reading. Here are a few guiding questions to help the reader with building his or her comprehension skills. Possible answers appear here in red.

Before Reading:

- What do I think this book is about?
  - *This book is about doctors.*
  - *This book is about what a doctor does at work.*
- What do I want to learn about this topic?
  - *I want to learn where a doctor works.*
  - *I want to learn what a doctor does.*

During Reading:

- I wonder why...
  - *I wonder why some people become doctors.*
  - *I wonder why some doctors work outside of hospitals.*
- What have I learned so far?
  - *I have learned that doctors help when people feel sick.*
  - *I have learned that some doctors work in hospitals.*

After Reading:

- What details did I learn about this topic?
  - *I have learned that doctors can work in many different places.*
  - *I have learned that doctors help people who are sick or hurt.*
- Read the book again and look for the vocabulary words.
  - *I see the word **sick** on page 4 and the word **hospital** on page 8. The other vocabulary words are found on page 14.*

Soutien de l'école à la mais[on] pour les gardien(ne)s et les enseignant(e)s.

Ce livre aide les enfants à se développer grâce à la pratique de la lecture. Voici quelques exemples de questions pour aid[er] le lecteur ou la lectrice à développer ses capacités de compréhension. Les suggestio[ns] de réponses sont indiquées en rouge.

Avant la lecture

- De quoi ce livre parle-t-il?
  - *Ce livre parle des médecins.*
  - *Ce livre parle de ce que fait un médecin au travail.*
- Qu'est-ce que je veux apprendre sur ce s[ujet]
  - *Je veux savoir où travaille un médecin.*
  - *Je veux savoir ce que fait un médecin.*

Pendant la lecture

- Je me demande pourquoi...
  - *Je me demande pourquoi certaines personnes deviennent des médecins.*
  - *Je me demande pourquoi certains médecins ne travaillent pas dans les hôpitaux.*
- Qu'est-ce que j'ai appris jusqu'à présent?
  - *J'ai appris que les médecins aident les gens malades.*
  - *J'ai appris que certains médecins travaillent dans les hôpitaux.*

Après la lecture

- Nomme quelques détails que tu as retenu[s]
  - *J'ai appris que les médecins peuvent travailler à différents endroits.*
  - *J'ai appris que les médecins aident les gens malades ou blessés.*
- Lis le livre à nouveau et cherche les mots de vocabulaire.
  - *Je vois le mot **malades** à la page 4 et le mot **hôpital** à la page 9. Les autres mot[s] de vocabulaire se trouvent à la page 14.*

This is a **doctor**.

Voici un **médecin**.

A doctor helps people when they are **sick**.

La médecin aide les gens quand ils sont **malades**.

This doctor gives a **shot**.

Cette médecin donne un **vaccin**.

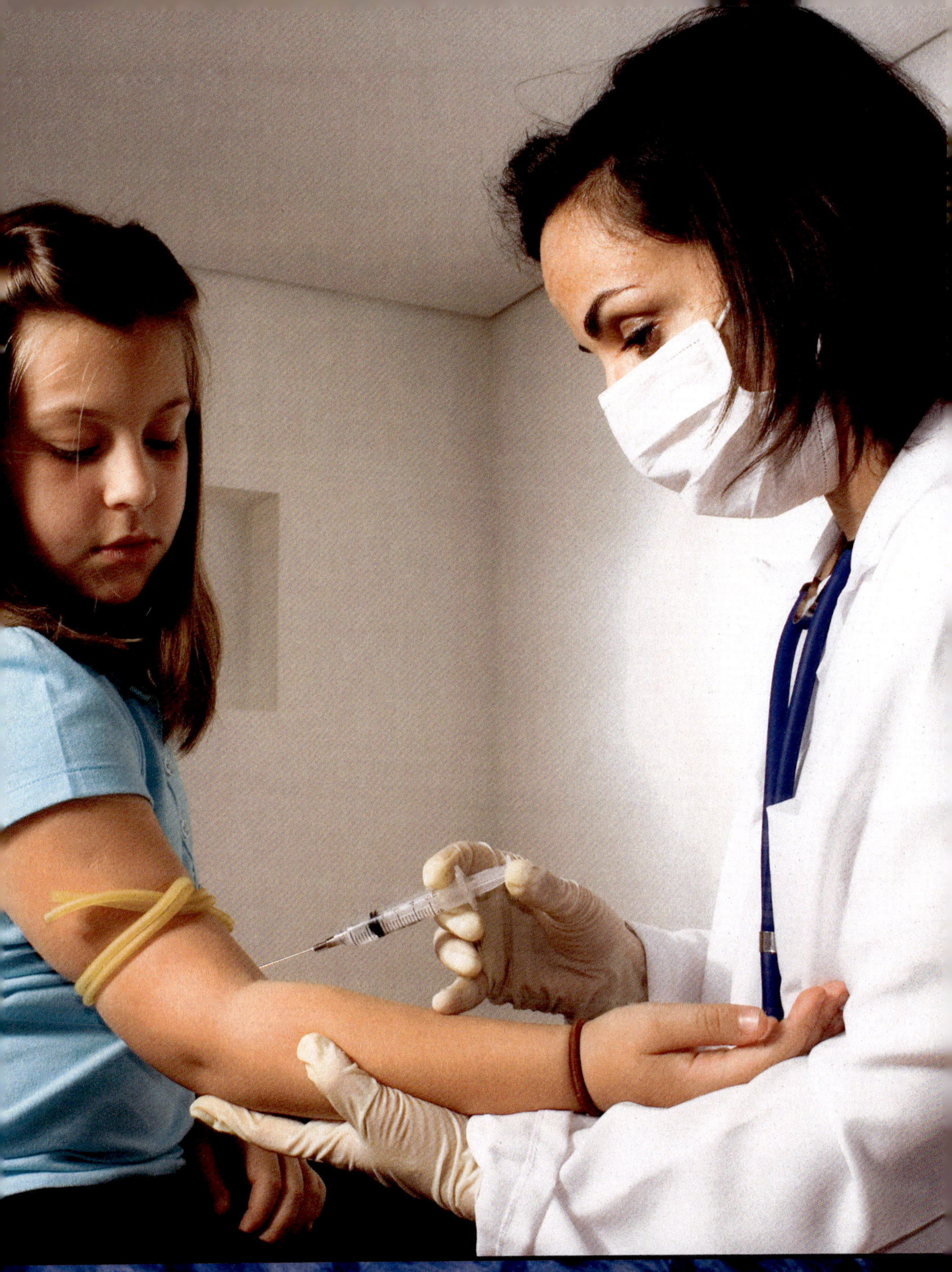

This doctor is
in a **hospital**.

Ce médecin est dans un **hôpital**.

All doctors can give people **medicine**.

Tous les médecins peuvent donner des **médicaments**.

Do you know
a doctor?

Connais-tu un
médecin ou
une médecin?

Word List

Sight Words

a
do
has
is
some
this
you

Liste de mots

Mots courants

cette
dans
est
gens
ils
quand
tu
un
une

Words to Know

doctor

hospital

medicine

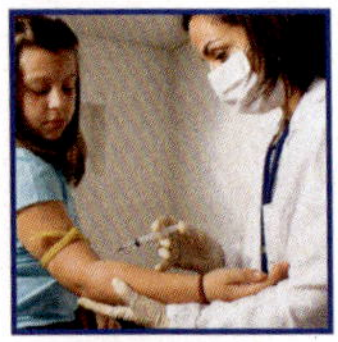
shot

sick

La boîte à mots

hôpital

malades

médecin

médicaments

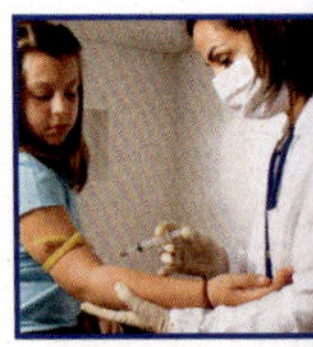
vaccin

34 Words

This is a **doctor**.

A doctor helps people when they are **sick**.

This doctor gives a **shot**.

This doctor is in a **hospital**.

All doctors can give people **medicine**.

Do you know a doctor?

36 mots

Voici un **médecin**.

La médecin aide les gens quand ils sont **malades**.

Cette médecin donne un **vaccin**.

Ce médecin est dans un **hôpital**.

Tous les médecins peuvent donner des **médicaments**.

Connais-tu un médecin ou une médecin?

People I Meet
Les gens que je rencontre

DOCTOR
LES MÉDECINS

Written by/Autrice: Douglas Bender
Designed by/Conception: Rhea Wallace
Series development/Développement des séries: James Earley
Proofreader/Relectrice: Janine Deschenes
Educational consultant/Conseillère pédagogique: Marie Lemke M.Ed.
Translated by/Traduction: Annie Evearts

Photographs/Références photographiques:
Shutterstock : Monkey Business Images : couverture, p. 1, 3, 14; Syda Productions : p. 5, 14; Orange Line Media : p. 7, 14; Gorodenkoff : p. 8-9, 14; wavebreakmedia : p. 11, 14; Lightfieldstudio : p. 13

La forme masculine est utlilisée dans cet ouvrage uniquement dans le but d'en alléger la forme et d'en faciliter la lecture.

Crabtree Publishing

crabtreebooks.com 800-387-7650

Published in Canada
Publié au Canada
Crabtree Publishing
616 Welland Ave.
St. Catharines, Ontario
L2M 5V6

Published in the United St
Publié aux États-Unis
Crabtree Publishing
347 Fifth Avenue,
Suite 1402-145
New York, NY, 10016

Paperback 978-1-0398-5078-1
Ebook (pdf) 978-1-0398-5120-7
Epub 978-1-0398-5162-7

Printed in Canada/122023/CP20231124

Library and Archives Canada Cataloguing in Publication
Available at the Library and Archives Canada

Library of Congress Cataloging-in-Publication Data
Available at the Library of Congress